MUNDUS

BIBLE MODERNE

LIVRE PREMIER

On veut comprendre
pour croire.

PARIS

CHAMUEL, ÉDITEUR

29, RUE DE TRÉVISE, 29

1892

BIBLE MODERNE

MUNDUS

BIBLE MODERNE

LIVRE PREMIER

On veut comprendre
pour croire.

PARIS

CHAMUEL, ÉDITEUR

29, RUE DE TRÉVISE, 29

—

1892

A

CEUX QUI,

ASSOIFFÉS DE CONNAITRE,

CHERCHENT LA VÉRITÉ.

BIBLE MODERNE

On veut comprendre pour croire.

Les Religions ont vécu.

Elles ne sont plus en rapport avec l'Intellectualité moderne.

Les Idées se sont élargies.

On ne veut pas ne plus croire, car la croyance est une jouissance, et le doute est une souffrance; mais on veut comprendre pour croire.

Notre Siècle, en un mot, est le siècle de la Lumière, le siècle du libre examen.

Ce n'est pas que les Religions n'aient aucune base sérieuse.

Elles sont toutes, pour la plupart, le résultat des plus hautes conceptions.

Craignant sans doute de ne pouvoir amener facilement la foule à la compréhension des principes les plus élevés de la Nature, les Philosophes, qui avaient su soulever le voile de la Vérité, crurent nécessaire, pour rendre cette vérité accessible à la masse, de la lui présenter sous une forme plus saisissable pour des intelligences peu ou pas cultivées.

Ils symbolisèrent les conceptions qu'ils avaient su trouver, comme aujourd'hui encore on symbolise dans l'art les idées, les vertus, les vices : la Force, par exemple, par un lion; la Vérité, par une femme nue; l'Astuce, par un serpent, etc., etc.

Ils pensèrent, en fixant ainsi l'attention sur des images représentant les diverses Idées, pouvoir amener plus aisément les intelligences rudimentaires à la compréhension de ces idées.

Mais peu à peu on s'habitua à ne plus voir

en l'image que l'image elle-même, oubliant la conception qu'elle ne devait que figurer pour en faciliter la compréhension.

Les prêtres eux-mêmes finirent par oublier le sens élevé des symboles pour ne plus voir que les symboles eux-mêmes; on s'attacha de part et d'autre *à la lettre* et non plus *à l'esprit*, et les cérémonies religieuses, dont chaque phase représentait le symbolisme d'une idée, s'accomplirent peu à peu machinalement, déprimant, abêtissant les intelligences de ceux qui les exécutaient sans les comprendre, alors qu'elles devaient les préparer, les élever à entrevoir les plus sublimes clartés.

Aujourd'hui que, grâce à l'imprimerie et aux progrès de toute nature, l'Instruction s'est répandue et se répand à flots dans les Masses, il est temps de faire table rase de tout ce symbolisme, ridicule du moment qu'on ne le comprend plus, et qui ne fait que détacher les hommes de toute idée vraiment religieuse, c'est-à-dire de toute conception *philosophique* ayant pour objet de *relier* (religion vient de *religare*, relier), de relier entre elles toutes les parties de l'Univers, de relier l'Humanité à l'*Universalité*.

Le temps est venu de déchirer le voile qui cachait la Lumière.

Tous les hommes peuvent comprendre, doivent connaître les conceptions que les limites (bien étroites encore) de notre Intelligence nous permettent d'atteindre.

La communication à la Masse, à l'Humanité tout entière, de la Sublime Vérité est seule capable d'arrêter le courant de *négation* que nous attirent l'incompréhensibilité des religions et la bizarrerie (tout au moins apparente) des cérémonies religieuses.

Il n'y a pas de religion plus élevée que la Vérité.

Cherchons-la, cette Vérité!

Que son Flambeau éclaire et régénère le

Monde, qu'elle rappelle à l'Humanité que tous ses membres sont les Parties d'un même Tout, et qu'elle arrive enfin à faire régner sur ce Globe la Fraternité Universelle, en donnant à l'Homme la notion vraie de ce qu'il est, lui apprenant d'où il vient, où il va, quels sont sa place et son rôle dans l'Univers, lui donnant la Notion de cet Univers même, de la Vie qui l'anime, de l'Intellectualité suprême qui y rayonne, qui est le Bien, notre aspiration, notre but, qui est en même temps notre guide, qu'il nous faut atteindre et que nous atteindrons.

A

MOÏSE, BUDDHA, JÉSUS

Qui,

s'élevant au-dessus des bornes de la compréhension

humaine,

ont connu la Lumière

et se sont efforcés de la faire voir à l'humanité.

LIVRE PREMIER

L'Univers est tout ce qui existe.

L'Univers, étant tout ce qui existe, n'a pas pu avoir de commencement, car, étant *tout*, s'il avait eu un commencement, avant ce commencement il n'y aurait *rien* eu, il n'aurait rien existé.

Or si, à un moment donné, il n'avait *rien* existé, comment *tout* aurait-il pu tout à coup naître de rien?

Quelque chose ne peut pas naître de rien.

Pour faire un objet, il faut une substance.

Sans aucune substance, on ne pourra faire aucun objet.

Si on ne peut pas faire un objet avec rien, à plus forte raison *tout* ne peut-il pas être fait avec *rien*.

L'Univers, étant *tout*, n'a pu naître de rien.

L'Univers n'a donc pas eu de commencement.

L'Univers n'a pas eu de commencement.

L'UNIVERS n'a pas eu de commencement.

Il a donc toujours existé.

L'Univers a existé de toute éternité.

Nous concevons bien l'infini de l'espace :

L'Univers s'étend aussi loin que nous pouvons nous en faire une idée ; eh bien! ce point extrême n'est pas encore la limite de l'Univers, car l'Univers n'a pas de limite ; il s'étend encore et toujours et toujours, et toujours et toujours. C'est l'espace *infini*.

Eh bien, le Temps est de même.

De même qu'il y a l'infini de l'espace, il y a *l'infini du temps*.

Si loin en arrière que nous puissions arrêter notre pensée, nous n'allons pas encore assez loin en arrière ; il y a eu d'immenses périodes de temps qui ont précédé ce temps ; avant ces immenses périodes, il y en a eu d'autres, et ainsi de suite en arrière, en arrière, à l'infini.

L'espace est infini,
Le temps est infini.
L'Univers est *tout* ce qui existe.
L'Univers a *toujours* existé.

Plus nous avancerons, mieux nous comprendrons ces notions.

De même que l'Univers a toujours existé, de même l'Univers existera toujours.

Car si, à un moment donné, il n'existait plus, il n'existerait plus *rien*, puisqu'il est *tout*.

Or, de même qu'on ne peut pas faire un objet avec rien, de même un objet, c'est-à-dire une subtance, ne peut pas devenir rien.

Une subtance visible peut devenir invisible. Après avoir été perceptible à nos sens, elle pourra ne plus l'être. Elle peut, en un mot, se modifier. Elle ne peut pas s'anéantir. Elle pourra se diviser en une infinité de parcelles, et ces parcelles pourront entrer dans la composition d'une infinité de corps nouveaux. La substance ne pourra pas ne plus être. Elle ne peut que se transformer.

De même qu'un objet ne peut pas devenir rien, de même, et à plus forte raison, *tout* (c'est-à-dire l'Univers) ne peut pas devenir *rien*.

L'Univers ne peut pas s'anéantir. Il ne peut que se modifier, se transformer, changer d'aspect.

Il ne peut ni diminuer ni augmenter. Il est *Tout*. Il a *Toujours* existé. Il existera *Toujours*.

L'Univers est Éternel.

TOUT est Substance.

Il n'y a rien d'insubstantiel.

Supposons un défaut, un manque absolu de substance.

— Qu'existera-t-il ?

Rien.

La Subtance peut être douée de qualités, de propriétés.

Mais on ne peut supposer des qualités, des propriétés à un défaut de substance, à une absence de substance.

Une substance peut être légère ou lourde.— On ne pourra pas dire d'une chose qui n'existe pas (d'un défaut, d'une absence de substance) : Elle est *légère* ou *lourde*.

Un homme peut être bon ou mauvais.

Cet homme est substantiel.

On ne pourra pas dire d'un être qui n'existe pas

(d'un défaut, d'un manque de substance) : Il est *bon* ou *mauvais*.

Où il n'y a pas de Substance, il n'y a rien. — Il ne peut rien exister en dehors de la Substance.

Une Subtance peut être visible ou invisible. — Lorsqu'elle est invisible pour nous, parce que nos sens sont trop grossiers pour la percevoir, elle n'en existe pas moins pour cela.

La Substance est tantôt plus condensée, tantôt plus fluidifiée. Elle arrive à des degrés de fluidification dont nous pouvons à peine nous faire une idée.

Elle n'en existe pas moins pour cela lorsqu'elle est dans cet état.

L'Univers, nous l'avons vu, est tout ce qui existe. Il ne peut ni s'augmenter ni diminuer. Il ne peut que se transformer.

Si nous voyons un morceau de glace se résoudre en eau, si ensuite cette eau se décompose en gaz, la substance qui composait la glace, la *substance* de la glace n'en existera pas moins pour cela.

Elle aura passé de l'état solide à l'état liquide et de l'état liquide à l'état gazeux. Elle n'aura fait que se transformer.

*
* *

Qu'est la Force ?

La Force est une qualité, une propriété de la Substance.

Selon que la Substance est dans un état ou dans un autre, elle constitue telle ou telle autre force.

La Substance aurait-elle une raison d'être sans la Force ?

Non, car sans force elle resterait inerte et ne pourrait servir à rien.

On ne peut d'ailleurs pas concevoir la substance absolument dénuée de force.

Une substance quelconque peut toujours être considérée comme un ensemble de parties ou comme une partie d'un ensemble, composé d'elle et d'autres parties.

Il faut toujours supposer au moins une force qui tienne unies ou séparées ces diverses parties, que ces diverses parties forment un tout quelconque : corps particulier ou substance totale (Univers tout entier).

La Force, de son côté, aurait-elle une raison d'être sans la Substance?

Non, car, sans substance, elle ne pourrait agir dans rien,

On ne peut d'ailleurs pas concevoir une force insubstantielle (nous avons vu qu'il n'y avait rien *d'insubstantiel*), et, en effet, les Forces dont nous voyons l'action autour de nous ne sont autre chose que de la Substance dans un état ou dans un autre, de la Substance parfois très fluidifiée (et nous n'avons, en ce cas, connaissance de l'existence de cette Substance que par les effets de la ou des forces qu'elle constitue, nos sens n'étant à même de percevoir que la Subtance arrivée à un certain degré de condensation).

Certaines personnes croient que ces Forces (dont nous voyons l'action autour de nous et en nous-mêmes) sont *créées* par la mise en contact, dans certaines conditions, de divers éléments déterminés.

Ces forces ne sont pas créées par cette mise en contact. Rien ne se crée dans l'Univers. Ses parties ne peuvent que se transformer.

Quand on fait chauffer de l'eau jusqu'à la faire entrer en ébullition, la vapeur qu'elle dégage constitue une force considérable. Cette force n'est autre chose que de l'eau transformée.

C'est la Substance qui constitue la force. La force n'est autre chose que de la Substance.

Selon que la Substance est dans un état ou dans un autre, elle constitue une ou une autre force.

La mise en contact, dans certaines conditions, de divers éléments déterminés ne crée donc pas une force.

Cette mise en contact de divers éléments permet à leurs forces réciproques d'agir les unes sur les autres. Ces forces (1) s'en trouvent modifiées, en même temps qu'elles modifient l'état des divers éléments réunis (2). Il peut en résulter des fusions de forces, des disparitions (momentanées) de forces (immobilisations de forces par suite d'antagonismes, ainsi que nous le verrons tout à l'heure), des apparitions de forces nouvelles (forces précédemment immobilisées ou peu libres rendues plus libres, ainsi que nous le verrons plus loin). Il peut y avoir transformations de forces

(1) Ou plutôt leur action.

(2) Nous verrons plus loin que le changement d'état des corps provient de changements dans le mode d'action des forces de leurs éléments.

(modifications dans la liberté d'action des forces). Il ne peut pas y avoir création de forces. Rien ne se crée dans l'Univers. Ses parties ne peuvent que se transformer.

Toute force est substantielle.

Toute substance est force.

Nous comprendrons mieux la nature de la force, en avançant dans cette étude.

* * *

Nous avons vu, par l'exemple de l'eau se transformant en vapeur (et constituant ainsi une force considérable), que, selon qu'un corps (une substance) est dans un état ou dans un autre, il constitue telle ou telle autre force.

Nous savons que le changement d'état d'un corps se produit par l'action (1) d'une ou de plusieurs forces, agissant sur lui, modifiant sa constitution moléculaire, combinant avec lui tout ou partie de la substance qui les constitue, ou le fai-

(1) Ou par la cessation de l'action.

sant combiner avec d'autres substances environnantes.

Si nous faisons chauffer de l'eau jusqu'à la faire entrer en ébullition, c'est l'action de la chaleur sur l'eau qui changera l'état de l'eau, qui fera passer l'eau de l'état liquide à l'état gazeux.

Mais, pour que l'action d'une force s'exerce sur un corps, il faut que la substance qui constitue cette force soit suffisamment rapprochée de ce corps.

Reprenons l'exemple de la chaleur agissant sur l'eau et la faisant entrer en ébullition.

Pour que la chaleur agisse sur l'eau, il faut que la substance en feu qui constitue cette chaleur soit suffisamment rapprochée de l'eau.

Supposons que la substance en feu qui constitue de la chaleur soit dans le cas présent un morceau de charbon allumé.

Si ce charbon allumé est trop éloigné de l'eau à chauffer pour pouvoir la faire entrer en ébullition, il faudra, pour que l'action de la chaleur puisse faire entrer l'eau en ébullition, que le charbon soit rapproché de l'eau.

Mais ce charbon se rapprochera-t-il tout seul de l'eau ?

Si ce charbon est dans une chambre, et si l'eau est dans une autre chambre, le charbon viendra-t-il de la chambre où il se trouve jusqu'à la chambre où est l'eau ?

Non, il faudra qu'une force extérieure agisse sur le charbon *pour* le rapprocher de l'eau ou sur l'eau *pour* la rapprocher du charbon. Autrement le charbon et l'eau resteront à la même distance l'un de l'autre.

Mais une force pourra-t-elle avoir l'*idée* de rapprocher, pourra-t-elle *vouloir* rapprocher l'eau du charbon ou le charbon de l'eau ?

Si c'est une force intelligente : *oui*.

Si c'est une force inintelligente : *non*.

Vouloir, c'est *décider* d'agir pour atteindre un but déterminé. Pour *décider* d'agir afin d'atteindre un *but* déterminé, il faut penser, réfléchir, et seule une intelligence peut réfléchir, peut se proposer d'atteindre un but déterminé et peut *vouloir*, c'est-à-dire *décider* d'agir pour atteindre ce but.

Il y a donc diverses qualités de forces ?

Oui. De même qu'il y a la substance très condensée, que nous appelons *Matière*, et la substance plus que fluidifiée : spiritualisée, que nous appelons *Esprit* (sans parler des nombreux états intermédiaires), il y a les forces grossières, *matérielles*, inintelligentes, que nous appelons plus spécialement *forces*, et il y a les forces supérieures, *spirituelles*, intelligentes, que nous appelons *Intelligence*.

L'Intelligence est donc une force ?

Oui. Si l'Intelligence n'était pas une force, elle ne pourrait pas agir, car seule une force peut agir. Mais l'Intelligence est une force supérieure, capable de raisonner, de vouloir, capable de se proposer d'atteindre un but et d'exercer et diriger son action pour l'atteindre.

Quel est donc le rôle de l'Intelligence en général ?

Le rôle de l'Intelligence en général est de décider et de commencer l'action. Une Intelligence qui resterait inactive, qui n'agirait pas, n'aurait pas de raison d'être.

Mais, de même qu'il y a divers degrés de forces, il y a divers degrés d'Intelligence :

Il y a des Intelligences rudimentaires, imparfaites, insuffisamment développées ou dominées par l'influence de forces matérielles, grossières, agissant sur elles. Pour les distinguer des Intelligences plus parfaites, plus développées, on pourrait les appeler : Semi-Intelligences.

Il y a des Intelligences supérieures, développées, que nous appellerons plus spécialement : Intelligences.

Le rôle de l'Intelligence en général est de décider et de commencer l'action.

Le propre de l'Intelligence par excellence, de la vraie Intelligence, de l'Intelligence développée, est de perfectionner.

Une Intelligence qui ne perfectionnerait pas, qui ne perfectionnerait rien, ne serait plus une Intelligence (une Intelligence dans le sens absolu du mot, une Intelligence par excellence).

Nous comprendrons mieux plus loin ce qu'est l'Intelligence par excellence.

* * *

Le propre de l'Intelligence par excellence, de l'Intelligence développée est donc de décider l'action *en vue de perfectionner* et d'exercer son action dans ce but.

C'est l'Intelligence qui décide de modifier la position, l'état, la combinaison des corps *pour que*, par ces modifications, ces corps constituent ou exercent telles ou telles autres forces (1).

(1) Ces modifications peuvent être aussi l'effet de causes

C'est l'Intelligence qui, sachant, ayant remarqué, ayant appris que l'eau en ébullition se transforme en vapeur, décide de faire chauffer de l'eau *pour* produire de la vapeur, fait passer cette eau de l'état liquide à l'état gazeux et se sert ensuite de la force, constituée par l'eau transformée en

purement matérielles. Chaque corps, selon sa constitution, est doué, nous l'avons vu, de forces particulières (plus exactement : la force des éléments des différents corps est plus ou moins libre, ainsi que nous le verrons tout à l'heure, selon le degré de condensation de ces éléments). Toute force en action agit jusqu'à ce qu'un obstacle vienne l'immobiliser. Il y a dans l'Univers des déplacements constants de forces, provenant, par contre-coups, d'autres déplacements. Des forces, de puissance et de modes d'action divers, sont, par suite, constamment mises en contact, agissent les unes sur les autres, se modifient, sans qu'une volonté y prenne part. (Leur déplacement peut être la conséquence d'une suite de déplacements causés originellement par une volonté. Il peut être la conséquence d'une suite de déplacements causés simplement par la nature même de la force, dont le propre est d'être en action tant qu'un obstacle ne l'immobilise pas). — Le propre de l'Intelligence, de la force intelligente, ce qui la différencie de la force inintellectuelle, est justement la possibilité qu'elle a de se diriger, de diriger son action et, par suite, celle des autres forces en agissant sur elles. Une force inintellectuelle ne pense pas, ne se dirige pas, ne modifie pas d'elle-même la direction que les circonstances lui ont imprimée, mais elle n'en agit pas moins (ne se déplace pas moins) tant qu'un obstacle ne vient pas l'immobiliser.

vapeur, pour obtenir d'autres effets, pour accomplir d'autres desseins.

L'Intelligence a la possibilité, la faculté d'apprécier, de comparer l'action des diverses forces, de les constituer en transformant l'état, la combinaison des substances, et elle peut employer l'action de ces forces pour exécuter ses desseins.

L'Intelligence ne peut donc pas exécuter ses desseins sans le concours des autres forces?

Non. Aucune force ne peut agir à distance sur une substance (*à moins qu'elle n'ait un intermédiaire pour transmettre son action*); aucune substance ne peut être influencée à distance par une force.

Une substance, douée de force, pourra, si sa force est libre, se déplacer, mais elle ne pourra communiquer son action à une autre substance que par un contact avec cette substance ou par un contact avec une substance intermédiaire qui transmettra son action (également par contact) à la substance à influencer.

Si je veux marcher, par exemple, ce n'est pas mon intelligence qui fera mouvoir directement mes jambes. Mon intelligence *voudra*, *agira*, *vibrera*, et ma force nerveuse, en contact avec elle, ressentira cette vibration, vibrera à son tour, influencera mes muscles, etc.

Si je veux lever un poids trop lourd, j'aurai beau déployer une *volonté* immense, si je n'ai pas à ma disposition des forces suffisantes sur lesquelles je puisse agir pour exécuter ma volonté, je ne pourrai pas lever ce poids.

L'Intelligence ne fait que donner la première impulsion.

Elle agit par l'entremise de diverses forces intermédiaires.

Toutes les forces sont constituées par de la substance dans un état ou dans un autre. Il faut, pour qu'elles puissent exercer leur action sur un corps, que leur substance puisse transmettre cette action par contact, soit directement, soit par l'entremise d'autres substances, à ce corps. Il faut aussi, pour qu'une force puisse modifier l'état, la composition ou la position d'un corps, que cette force soit assez puissante, assez considérable pour triompher des forces opposées qui pourront faire obstacle à son action.

Lorsque l'Intelligence décide d'exécuter un dessein, elle *veut*. Cette volonté produit une vibration, une mise en mouvement des substances suffisamment proches et de nature à pouvoir être influencées par la force intellectuelle. La vibration communiquée à ces substances engendre de nouvelles forces, donne action à de nouvelles forces qui agissent sur les substances voisines et ainsi de suite.

C'est ainsi que l'Intelligence, si elle a suffisamment de forces à sa disposition, ou si elle sait suffisamment les produire, les faire mettre en mouvement, les faire agir les unes sur les autres, accomplit ses desseins.

Tout se fait par un enchaînement, par un jeu de forces diverses, de molécules diverses agissant les unes sur les autres, à la suite de la vibration première imprimée par la volonté intellectuelle.

.·.

Tout ce qui existe est substantiel.

L'Intelligence est substantielle, et, de même que toutes les forces, elle n'aurait pas de raison d'être sans la substance, car, sans substance, elle ne pourrait agir dans rien.

La substance, de son côté, n'aurait pas de raison d'être, nous l'avons vu, sans force, puisque, sans force, elle resterait inerte et ne pourrait servir à rien.

Des forces inintelligentes qui animeraient *au hasard* de la substance, et se livreraient à une action aveugle, désordonnée, sans but, n'auraient non plus aucune raison d'être, ne serviraient non plus à rien.

Pour que la force ait une raison d'être, il faut qu'elle puisse penser, raisonner, se diriger ou qu'elle puisse être employée, mise en action par une force supérieure ayant, elle, le pouvoir, la faculté de penser, de raisonner, d'agir, d'exercer son action dans un but déterminé.

La substance, la force, l'Intelligence n'auraient donc pas de raison d'être l'une sans l'autre.

En réalité, tout est substance.

La force, l'Intelligence sont des propriétés de la substance dans ses divers états.

Il n'y a rien d'insubstantiel.

La Substance, d'ailleurs, est Une dans son Essence.

La Substance Universelle n'est pas composée de diverses substances différentes.

La Substance de tous les corps est la même.

L'homme décompose la plupart des corps et trouve que ces corps, en dernière analyse, ne sont composés que de quelques éléments seulement (les mêmes pour la plupart des corps).

Il a appelé ces éléments des corps simples.

Mais, si l'homme n'a pas encore pu décomposer ces corps, ils ne sont pas pour cela indécomposables.

Beaucoup de corps précédemment considérés comme des corps simples ont pu, avec les progrès de la science, être décomposés.

Les corps que l'homme a appelés corps simples

sont simplement des corps qu'il n'a pas encore pu arriver à décomposer.

Il n'y a en réalité qu'un élément unique : la Substance Une de l'Univers, et ce sont les atomes de cette Substance qui, contractés, condensés à des degrés divers, forment, selon leurs divers degrés de condensation, les uns et les autres des corps que nous voyons autour de nous.

Tout n'est que combinaisons diverses de la Substance Une de l'Univers.

Les différents corps ne sont que des composés de diverses parties de cette Substance Une, plus ou moins fluidifiées, liquéfiées, solidifiées, et unies ou non à d'autres parties de cette même Substance Une, également plus ou moins fluidifiées, liquéfiées, solidifiées.

Un corps solide, soumis à l'action d'un feu intense, devient en général liquide.

Ce liquide, soumis à des températures de plus en plus élevées, arrive à se vaporiser.

Supposons que l'homme puisse disposer d'une chaleur *des millions de fois* plus intense, et nous nous ferons une idée, nous aurons l'intuition du degré de *décondensation*, de *déliquéfaction*, de *dévaporisation*, etc., etc., que pourront atteindre les corps les plus denses sous l'action de la terrible force d'un pareil feu (1).

La Terre, sur laquelle nous vivons, n'a été primitivement, d'après les théories les plus savantes, qu'une immense nébuleuse (2), qu'un amas de gaz et de vapeurs impondérables qui, en se concentrant, en se refroidissant, se solidifièrent peu à peu.

Considérons un corps particulier : le nôtre, par exemple.

Notre corps n'a pas été créé. Rien ne se crée dans l'Univers. Ses parties ne peuvent que se transformer.

Nous possédons la notion de l'Infini.

Et bien, si, avec cette notion que nous possédons, nous supposons les parties composantes de notre corps désagrégées (3) à l'infini, les parties de

(1) Et cette chaleur si intense serait encore impuissante cependant à faire atteindre à la Substance le degré de subtilité le plus absolu auquel elle puisse arriver. Nous verrons plus loin que cette subtilité absolue : la spiritualité absolue, ne peut être atteinte par la Substance que par un travail intellectuel personnel soutenu durant d'immenses périodes de temps.

(2) Cet état nébuleux n'est encore qu'un état *matériel* de la Substance. Nous verrons plus loin qu'elle atteint des états beaucoup plus élevés.

(3) Et par *désagrégées* nous n'entendons pas ici la

ces parties divisées (1) elles-mêmes à l'infini, les parties des parties de ces parties divisées elles-mêmes à l'infini et ainsi de suite à l'infini, à l'infini, nous arriverons à concevoir une substance infiniment plus divisée, plus fluidifiée, plus insaisissable, plus impondérable que tout ce que nous pouvons imaginer.

Ce sera la Substance Une, Unique, la Substance-Essence qui entre dans la composition de tous les corps.

Revoyons maintenant l'opération en sens inverse et nous comprendrons que c'est cette Substance-Essence, Une, Unique, qui, en se gazéifiant, en se liquéfiant, en se solidifiant, en se contractant en un mot à des degrés différents, prend des aspects différents, et forme des corps dans lesquels certaines parties plus ou moins solidifiées sont alliées ou non à d'autres parties plus ou moins liquéfiées, gazéifiées, etc.

La Substance de tous les corps est la même.

Elle est seulement dans chaque corps plus ou

simple division par un instrument tranchant, mais la *désunion* des particules matérielles comme nous avons vu tout à l'heure l'eau *se décomposer* en gaz sous l'influence de la chaleur.

(1) Voir note 2 ci-dessus.

moins condensée et alliée ou non à d'autres parties plus ou moins condensées également.

C'est ce qui forme ses différents aspects.

Ses manifestations, ses apparences diffèrent selon ses degrés de condensation.

∴

Les Forces, nous l'avons vu, ne sont autre chose que de la Substance dans un état ou dans un autre.

L'Univers est la Substance Générale, Universelle, Unique, Une.

Cette Substance est elle-même la Force générale, Universelle, Unique, Une de la Nature.

La Substance Une est la Force Une.

Selon que les diverses parties de l'Univers sont plus ou moins solidifiées, liquéfiées, gazéifiées, etc., ces parties constituent telles ou telles autres forces, sont l'essence de telles ou telles autres forces.

Selon qu'un corps est composé de parties plus ou moins solides, unies ou non à d'autres parties plus ou moins liquides, plus ou moins gazeuses, etc., ce corps constitue telles ou telles autres forces, et ces diverses forces se manifestent à nous par des effets différents.

∴

La Force est Une dans son Essence.

Il n'y a que divers degrés de condensation de la Force.

Les forces brutes, inintelligentes, sont des forces inférieures, matérielles.

L'Intelligence, qui peut agir sur les forces inférieures et leur donner la première impulsion, est la force supérieure.

La Substance-Essence est la Substance à l'État de divisibilité absolue, à l'État de Pureté Absolue.

Chaque corps est un ensemble d'une infinité de parties.

Supposons que nous puissions arriver à l'extrême degré de divisibilité de ces parties, à l'extrême degré de divisibilité de la Substance et considérons la partie à l'état simple Absolu, l'atome que nous arriverions à trouver, de décomposition en décomposition, en dernier ressort, si nous pouvions diviser la Substance autant qu'elle est divisible.

Appelons les atomes qui sont à l'état de simplicité absolue, à l'état de pureté absolue, des atomes purs (1).

Nous comprendrons alors que la Substance grossière, matérielle, est constituée par des réunions d'agrégats d'atomes, amassés les uns sur les autres, condensés, soudés les uns aux autres, tandis que la Substance-Essence, la Substance à l'état de Pureté Absolue est constituée par un ensemble infini d'atomes infinitésimaux, d'atomes à l'ex-

(1) *Atome* signifiant non coupé (*indivisible*), il semble que la qualification de *pur* ajoutée à atome soit une superfétation. Aussi n'emploierons-nous l'expression *atome pur* que quand nous voudrons parler de l'atome *absolu*, isolé, ne formant pas corps avec d'autres atomes. Nous appellerons toujours simplement atomes (sans faire suivre ce mot d'aucune qualification) les éléments des corps, quand nous considérerons ces éléments *réunis* en un tout quelconque. Cette qualification de *pur* ajoutée à atome est d'ailleurs devenue nécessaire, les atomes, tels que la chimie les considère actuellement, n'étant certainement pas les parties les plus petites possible des corps. On a créé le mot *ultimates* pour désigner ces parties plus atomes que les atomes. Nous préférons nous en tenir à l'expression ancienne d'atomes, étant entendu, une fois pour toutes, que nous appellerons les atomes (dans l'acception seulement d'éléments ultimes et isolés des corps) atomes *purs*.

trême degré de divisibilité, à l'état de pureté absolue, d'atomes purs, c'est-à-dire non condensés, ne formant pas contact (1) les uns avec les autres.

Dans la Matière grossière, il y a réunion de diverses quantités d'agrégats d'atomes, condensés à des degrés divers.

La Substance-Essence est constituée au contraire par des atomes purs, c'est-à-dire par des éléments tous identiques, tous à l'état de Pureté Absolue, de Simplicité Absolue.

De même que nous pouvons concevoir cette Substance à l'État de Pureté Absolue, la Substance-Essence, la Substance Une, nous arriverons à concevoir la Force à l'État de Pureté Absolue, la Force Principe, la Force Une, c'est-à-dire la Force constituée par la Substance à l'État de Pureté Absolue.

La Substance à l'État de Pureté Absolue est constituée par l'ensemble infini des atomes à l'état de pureté absolue. La force pure est constituée par chaque atome pur et, de même que l'ensemble des atomes purs forme la Substance Pure, de même la force pure dont chaque atome pur est l'essence forme avec la force pure dont chaque autre atome

(1) Contact constant, du moins, corps, masse.

pur est l'essence une Force Pure Totale (plus considérable, mais toujours identique) : la Force Pure Générale de l'Univers.

Cette Force Pure Générale de l'Univers est la Force Supérieure, la Force Parfaite, Absolue, l'Intelligence Absolue.

Elle est la force *intelligente* parce qu'elle est la force pure, *libre* (ainsi que nous le verrons tout à l'heure). Le propre de l'Intelligence est l'action. Penser, c'est agir. Agir, c'est se mouvoir. Une Intelligence ne peut pas penser, faire acte intellectuel, sans agir. Tout ce qui l'empêche d'agir l'empêche de faire acte intellectuel. Si elle est entièrement empêchée d'agir, elle ne pourra pas penser, faire acte intellectuel.

C'est ce qui fait que l'Intelligence ne peut pas être une résultante, le *résultat* de la mise en contact de diverses parcelles de substance, des forces de ces diverses parcelles.

Si, en effet, des forces mises en contact sont telles qu'elles n'agissent aucunement les unes sur les autres, elles ne subiront aucune modification et resteront chacune telles qu'elles étaient avant cette mise en contact.

Si elles agissent identiquement, dans le même

sens, leur ensemble formera une force plus puissante, toujours identique.

Si elles agissent en sens différents les unes sur les autres, ces forces subiront des modifications, certaines se trouveront neutralisées, immobilisées, par suite d'antagonismes.

C'est ainsi que par les actions opposées de leurs forces réciproques des atomes se groupent en agrégats, ces agrégats en agrégats plus grands et forment des ensembles, des masses matérielles, dont les parties restent ainsi unies en des touts par suite de l'action réciproque de leurs forces respectives.

Ces forces ainsi immobilisées les unes par les autres donnent naissance (1), dans la masse qu'elles ont constituée par leurs actions opposées, à une force totale, lourde, aveugle, qui n'a d'autre effet que d'entraîner la masse qu'elle anime dans une direction donnée (2) jusqu'à ce qu'un obstacle vienne l'arrêter ou modifier sa direction.

Des forces qui, par leurs actions mutuelles, se

(1) Nous avons vu plus haut que l'apparition de toute force nouvelle était le résultat de transformations.

(2) Déterminée soit par les actions réciproques des forces des divers atomes réunis, soit par l'impulsion de forces environnantes prépondérantes.

sont ainsi immobilisées et ont formé ainsi, en unissant leurs substances, des agrégats matériels, ne sont *plus libres*, ne peuvent plus *faire acte intellectuel.*

Toute pensée est une vibration, une mise en mouvement. L'atome enserré, immobilisé dans une agglomération, ne peut se mouvoir, vibrer, ne peut penser. On ne peut penser sans agir, sans se mouvoir. Toute pensée est une action, une vibration.

C'est pourquoi l'Intelligence, la Force Consciente, Absolue, ne peut pas être une résultante.

Elle est la Force Suprême.

Elle est d'autant plus grande (1) qu'elle est plus libre.

Elle est l'Essence de la Force, la Force dans sa Pureté Absolue, et ne peut être le résultat de l'agglomération en amas matériels et grossiers d'atomes immobilisés par antagonisme.

Elle peut, si elle n'est pas intelligence parfaite (2) se perfectionner par des efforts personnels (3). Elle peut, par ces efforts, se débarrasser

(1) Nous avons vu qu'il y a divers degrés d'Intelligences.

(2) *Ibid.*

(3) Nous disons *personnels*, car, pour que l'intelligence

peu à peu de ses liens (des antagonismes qui l'immobilisent), se spiritualiser, se *libérer* davantage. C'est en elle-même qu'elle trouve le Principe de sa Force. Elle n'est pas une résultante.

Elle seule peut, parce que seule elle est libre (1), penser, vouloir, décider et donner dans un but déterminé la première impulsion, la première vibration.

Elle est la Force Suprême, constituée par la Substance à l'État de Pureté Absolue, par la Substance Une, par la Substance-Essence.

*
* *

Selon que la Substance est dans un état ou dans un autre, elle constitue une ou une autre force.

d'un enfant, par exemple, se développe sous l'influence de l'instruction que lui donne un professeur, il faut que l'enfant fasse des efforts personnels pour s'assimiler cette instruction. Le professeur l'aidera à se développer (une intelligence peut en aider une autre à se développer), mais, si l'enfant se refuse à faire aucun effort, son intelligence ne se développera pas, il ne s'instruira pas, il ne se perfectionnera pas.

(1) Libre dans ses éléments, ainsi que nous l'avons vu.

A l'état grossier, *matériel*, solide (1), elle constitue des forces brutes, inintelligentes, matérielles, grossières.

A l'état supérieur, *spirituel*, à l'État d'Esprit, elle constitue des forces supérieures, intelligentes, spirituelles.

Il y a des multitudes d'états divers de la Substance.

Il y a des multitudes de degrés divers de la Force.

A l'État éminemment supérieur, la Substance est à l'État d'Esprit Absolu. En cet État, elle constitue la Force éminemment supérieure : l'Intelligence Absolue.

Il y a divers degrés d'Intelligence, comme il y a divers degrés de forces inintellectuelles.

La hiérarchie des états de la Substance constitue la hiérarchie des degrés de force :

Substance grossière, matérielle :	Force inintellectuelle, matérielle.
. . . .	. . . .
. . . .	. . . .
Substance un peu spiri-	Force un peu intelli-

(1) *Solide*, pris ici dans un sens large : *qui a de la consistance*, par opposition à *spirituel* : *impondérable*, insaisissable.

tualisée :	gente (rudiment d'intelligence).
Substance très spiritualisée :	Force très intelligente.
Spiritualité absolue :	Intelligence Absolue.

Le propre de l'Intelligence (de l'Intelligence par excellence) est de perfectionner.

Une Intelligence qui ne perfectionnerait rien, qui ne se perfectionnerait pas elle-même, n'aurait plus de raison d'être.

Or l'état de perfection le plus absolu est l'état d'Intelligence absolue; la perfection suprême est l'Intelligence suprême.

Tout étant Substance, le propre de l'Intelligence est donc de tendre à rapprocher la Substance de l'état dans lequel elle devient intelligence parfaite; le propre de l'Intelligence (qui est substance elle-même) est donc de perfectionner la Substance (c'est-à-dire de se perfectionner elle-même et de perfectionner les autres substances moins parfaites qu'elle).

Or nous avons vu tout à l'heure que, plus une

substance est matérielle, plus elle est éloignée de l'état intellectuel absolu.

Le langage usuel, ce reflet, cette *traduction* des pensées généralement reçues, en est lui-même une attestation.

N'appelle-t-on pas en effet un être *matériel*, un homme chez lequel l'intelligence *grossière* cède le pas aux passions corporelles ?

Ne dit-on pas au contraire d'un homme d'une grande intelligence : c'est un *Esprit* élevé ?

La matière est l'état de condensation très prononcée de la Substance.

L'Intelligence est d'autant plus forte que la substance est moins matérielle, moins condensée.

Le propre de l'Intelligence est donc d'éloigner la Substance de l'état matériel, c'est-à-dire de fluidifier, de plus que fluidifier : de *spiritualiser* la Substance.

*
* *

Le propre de l'Intelligence est donc de spiritualiser la Substance (de se spiritualiser de plus en plus elle-même, qui est aussi substance) jusqu'à arriver elle-même et jusqu'à ce que toute la Subtance arrive au degré de spiritualité le plus absolu, jusqu'à ce que, la Substance revenue à l'état de simplicité absolue (1), tout ne soit plus qu'Intelligence, que Substance Intellectuelle, que tout soit refondu dans le Grand Tout, Substance Universelle non différenciée, Substance-Essence, Une, Force Universelle, Une, Intelligence Universelle, Une, dans l'Absolu.

* * *

Mais, dira-t-on, quand la Substance Universelle sera revenue à cet État Suprême, à cette Spiritualité Absolue, à cet Absolu, qu'arrivera-t-il ?

Que fera-t-elle ?

Et si elle peut aller ainsi de la concrétion à la spiritualisation, pourquoi a-t-elle été concrétée pendant un temps et sera-t-elle spiritualisée dans un autre ?

(1) Nous verrons plus loin qu'elle a déjà été dans cet état.

Nous avons vu que le propre de l'Intelligence est d'agir. Une Intelligence inerte, inactive, ne serait plus une Intelligence, n'aurait plus de raison d'être.

Tout, pendant l'évolution (pendant le temps où la Substance passe de l'état matériel à l'état spirituel), tout, pendant l'évolution, tend à se spiritualiser.

Supposons la spiritualité complète obtenue par toute la Substance. Supposons la Substance Universelle revenue à l'État Principe, à l'État Suprême, c'est-à-dire tout refondu dans le Grand Tout Intellectuel, Tout Absolu.

Arrivée à la Spiritualité Absolue, la Substance Universelle, ayant la Connaissance *Absolue* (1) affranchie de toutes préoccupations *matérielles*, n'ayant plus à désirer, à rechercher l'union avec des êtres chers, puisqu'elle ne forme plus en cet état qu'un tout absolu (2), la Substance Univer-

(1) N'ayant, par conséquent, plus rien à apprendre.

(2) Nous étudierons plus loin l'amour, l'affection. Nous dirons seulement ici que, au fur et à mesure que le niveau de la Spiritualité s'élève, l'amour est de moins en moins corporel pour devenir de plus en plus spirituel ; il devient l'échange de deux pensées, la communication spirituelle de deux âmes, de deux esprits, puis de plusieurs âmes, de plu-

selle, n'ayant plus rien à désirer, plus à vouloir, plus à lutter, se trouve alors dans une immense béatitude, dans un immense repos, bien-être ; elle doit se délasser durant d'immenses périodes de temps de l'immense travail achevé.

Mais, par ce fait que le propre de l'Intelligence est de perfectionner, d'agir, lorsque tout est rentré dans l'Intellectualité Suprême, cette Intellectualité n'ayant plus rien à faire, l'Intelligence arrive fatalement, nécessairement, après avoir été longtemps plongée dans cette béatitude, à *s'engourdir*, à s'endormir (nous en avons l'exemple dans la vie humaine ; la non-activité finit par plonger dans la torpeur, l'engourdissement). Elle tombe peu à peu dans un non-penser sans bornes, dans un immense assoupissement.

Alors la force animant chaque atome, ne pensant plus, ne se dirigeant plus, est comme si elle était inintellectuelle. Chaque atome en mouvement tombe dans la direction qu'il avait au moment où

sieurs esprits, de toutes les âmes, de tous les esprits. L'Amour, à l'État de Spiritualité Absolue, est un sentiment de bonheur immense qu'éprouve l'Esprit, arrivé à son plus entier développement, affranchi, ainsi que le reste de l'Univers, de toutes préoccupations matérielles, de goûter et de voir goûter par l'Univers entier la Connaissance Absolue.

son intelligence s'est assoupie. Sa direction ne se modifie que si un obstacle vient la modifier; il ne s'arrête que si un obstacle vient l'arrêter.

Les atomes se ressoudent ainsi les uns aux autres (1), la Subtance se reconcrète, se rematérialise et l'involution (chute, descente de l'Esprit dans la Matière, Matérialisation de la Substance) s'accomplit.

*
* *

Ainsi, dans l'Univers, tout a son aurore et son déclin.

Tout naît, tout meurt :

Le jour point, se développe, diminue, disparaît.

Le printemps est suivi de l'été, qui précède l'automne, que remplace bientôt l'hiver.

Ainsi l'année commence, se développe, décroît, s'éteint.

L'homme naît, arrive à la plénitude de la vie. Bientôt survient la décroissance : il meurt.

(1) Nous le comprendrons mieux tout à l'heure.

Un peuple naît ; sa civilisation touche à son apogée ; bientôt survient la décadence : il meurt.

Les Mondes naissent, se développent, dépérissent, meurent.

L'Univers tout entier s'éveille, arrive à la plénitude de la Vie, de la Pensée. Puis, peu à peu, il s'engourdit, s'endort.

Tout naît, tout meurt.

Tout meurt, mais pour renaître ensuite.

La Vie Universelle est un perpétuel recommencement.

La Mort est un Enfantement.

* * *

Evolution, Involution ! — Notion immense, restée trop longtemps mystérieuse ! — Elle donne à l'homme la Clef de tout l'Univers, et nous ne saurions trop insister pour la faire bien comprendre :

Les différents corps, selon leur état, leur constitution, constituent, nous l'avons vu, telles ou telles autres forces.

La Substance-Essence, la Substance Pure est constituée par une multitude infinie d'atomes à l'État de Pureté Absolue, d'atomes purs.

En cet état de Pureté Absolue, la Substance est à un degré de spiritualisation, de subtilité tel que nous ne pouvons nous en faire une idée. Elle n'a plus rien de commun avec la substance telle que nous sommes habitués à l'imaginer.

Elle est alors la Force Absolue et l'Intelligence Absolue.

La Substance, la Force, l'Intelligence forment, en cet état, une Unité indivisible, un Tout Absolu, quoique composé de trois parties.

C'est là la Véritable Trinité.

∴

La Substance, en cet état, est la Force Intelligente par excellence.

Elle pense et est alors sans cesse en mouvement. Chaque partie du Grand Tout-Substance est en mouvement (c'est ce mouvement incessant qui constitue la Vie Universelle).

Lorsque, l'Évolution accomplie, Toute la Substance Universelle est arrivée à l'État d'Esprit Pur, à l'Intelligence Absolue, l'Intelligence, nous l'avons vu, n'ayant plus rien à perfectionner, n'ayant plus à se perfectionner elle-même puisqu'elle est Tout, puisqu'elle est la Connaissance Totale, l'Absolu, l'Intelligence, après une période d'immense béatitude, arrive peu à peu à un assoupissement, à un non-penser sans bornes.

Or la Substance à l'État Spirituel est à la fois, nous l'avons vu : Substance-Force-Intelligence.

L'Intelligence ne pensant plus, ne voulant plus, ne dirigeant plus, se reposant, la Force, parce qu'elle ne fait pas acte intellectuel, n'en existe pas moins pour cela (1). — L'Intelligence se reposant, la Force animant chaque atome, ne pensant plus, est, ainsi que nous l'avons dit plus haut, comme si elle était inintellectuelle ; elle se heurte, fait opposition à la Force animant chaque autre atome, et c'est ainsi qu'en se pressant les uns contre les autres, en

(1) L'Intelligence, nous l'avons vu, est une Force. C'est une Force Supérieure douée de la faculté de penser, de réfléchir, de décider, de faire acte d'Intelligence enfin. Si une Force douée d'Intelligence n'use pas de sa faculté de penser, de réfléchir, de décider, si elle ne fait pas acte intellectuel, elle n'en est pas moins force pour cela. — Le propre de la force à laquelle rien ne fait obstacle est d'être en mouvement. Une Force ne faisant pas acte intellectuel n'en sera pas moins pour cela en mouvement, mais en mouvement non dirigé, non *pensé*, qui, par cela même, arrivera à se heurter à d'autres mouvements, à d'autres forces en mouvement et à s'arrêter, à s'immobiliser, par suite de son antagonisme, de son opposition avec ces autres forces en mouvement.

s'équilibrant les uns les autres, les atomes de la Substance non dirigés par l'Intelligence se condensent, se contractent à des degrés différents (c'est là ce qui cause la cohésion).

La Force de chaque atome ainsi immobilisée par son opposition avec la force d'autres atomes est momentanément comme anéantie, engourdie.

Elle est et restera immobilisée jusqu'à ce que, par une suite d'actions que nous expliquerons tout à l'heure, il survienne dans l'assemblage des diverses parcelles de la Substance, dans l'assemblage des diverses molécules ainsi immobilisées, des changements qui modifient l'antagonisme des forces de ces molécules, la constitution des corps que ces molécules forment par leur agrégation (C'est par ces changements de constitution que les corps changent d'états et constituent dans ces états divers telles ou telles autres forces, c'est-à-dire laissent, selon leur état, la possibilité à telles ou telles forces de se produire, d'agir).

Plus la Substance est contractée, c'est-à-dire plus les antagonismes de la force de chaque parcelle de Substance sont multipliés, plus la force est engourdie, empêchée et plus elle s'éloigne de l'état intellectuel, qui est un état tout d'action.

Une Intelligence qui ne pourrait pas agir ne serait plus une Intelligence.

L'action est le propre de l'Intelligence. — L'Intelligence qui *pense*, c'est une force en mouvement. — Toute pensée est une vibration.

Etre Intelligence, c'est pouvoir penser.

Toute pensée étant une vibration, une mise en mouvement, si l'Intelligence est immobilisée, elle ne peut vibrer, penser. Toute force empêchée d'agir ne peut pas être intelligente.

La *liberté* d'agir (c'est-à-dire la faculté de penser, la faculté pour la force de vibrer, de se mouvoir, de ne plus être arrêtée, immobilisée par d'autres forces en action), la liberté d'*agir* n'est recouvrée par la Substance que lorsqu'elle est décontractée. C'est alors que, se rapprochant de l'État Simple, elle redevient Intelligence.

Donc, pour nous résumer, c'est seulement lorsque la Substance est remise à même de penser, d'agir intellectuellement (si confusément que ce soit) qu'elle peut tendre à remonter vers la Spiritualité.

Si cette liberté d'action, nécessaire à la Substance pour se respiritualiser complètement, ne lui était pas rendue (à un degré quelconque), l'Univers resterait à l'état de contraction, à l'État de Masse immobilisée.

L'Univers ayant donc une tendance à la contraction, à la matérialisation, quand l'Intelligence n'agit plus (1), l'Univers ayant une tendance à être et à rester à l'état de Masse inerte, quand une partie des atomes qui le constituent n'est pas à même de penser, de lutter pour s'affranchir et affranchir la Substance de cette contraction, nous pourrons dire que le repos, l'inertie, la contraction sont la tendance (2) de la Substance Universelle quand une vibration intellectuelle ne lutte pas contre cette tendance et, pour la clarté de notre étude, nous appellerons état naturel l'état auquel arrive normalement la Substance quand la force *intellectuelle* n'agit pas sur elle, en elle (3).

(1) Nous venons de le voir : Quand la Force ne pense plus, elle tend à se contracter avec d'autres forces par ses heurts avec ces autres forces.

(2) Nous pouvons dire la tendance ; c'est à la contraction, à la matérialisation qu'arrive fatalement la Substance qui ne pense plus, dont l'Intelligence n'agit plus.

(3) *Sur elle*, aussi bien *qu'en elle*, car les parties de la Substance qui ont recouvré assez de liberté d'action pour tendre à se respiritualiser, influent par leurs efforts sur la spiritualisation des substances en contact avec elles (Ceci sera mieux expliqué plus loin. — Nous verrons que les

Nous comprendrons alors la pesanteur ou tendance à la contraction, à l'inertie (faute de penser et, par conséquent, de lutter). — (En effet, la pesanteur est la tendance qu'ont des corps condensés à tomber vers un même centre [nous comprendrons plus loin pourquoi vers un même centre], vers un même centre en lequel ils trouvent un antagonisme, contre lequel ils s'immobilisent, se contractent davantage. Plus les corps sont condensés, plus ils sont soumis à la pesanteur. Moins ils sont condensés, moins ils sont soumis à la pesanteur, plus ils luttent contre la pesanteur et tendent à s'en affranchir) (1).

intelligences supérieures influent non seulement accidentellement sur les substances moins avancées qu'elles en spiritualisation, par les efforts qu'elles font pour leur spiritualisation propre, mais que ces substances supérieures, qui deviennent d'autant meilleures, d'autant moins égoïstes, d'autant plus altruistes qu'elles gagnent davantage en spiritualité, *s'efforcent* d'aider au développement spirituel des substances moins avancées qu'elles en spiritualisation).

(1) Une partie de la Substance terrestre, sous l'action de la chaleur, se liquéfie, se vaporise sans cesse et tend à se désagréger, à se décontracter en partie.

Au fur et à mesure que des substances se volatilisent, leurs différentes parties retrouvent une certaine liberté d'action et tendent aussitôt à se déplacer (toute substance non immobilisée par un obstacle tend à se déplacer).

Les substances terrestres volatilisées quittent la Terre à

Si tout, dans notre système solaire par exemple, se matérialisait, se compactait complètement (c'est-

laquelle elles étaient attachées, contre laquelle elles pesaient, partent dans la direction opposée à celle qu'elles avaient vers le centre de la Terre, et continueraient indéfiniment leur route (s'éloignant par conséquent de plus en plus de la Terre) si aucun obstacle ne se présentait.

Elles rencontrent une résistance dans la pression atmosphérique, elles luttent contre cette pression et en triomphent en partie, puis vaincues, ne peuvent aller plus loin.

Elles se pressent contre l'obstacle qui leur barre le passage, sont rejetées en arrière par leurs heurts contre cet obstacle, se rencontrent avec d'autres parcelles de substances volatilisées. Elles finissent par se ressouder, par se recontracter en partie. Elles annihilent leurs forces respectives en se massant, en se pressant les unes contre les autres et ne peuvent plus lutter contre l'obstacle rencontré. Mais cet obstacle ne leur barre pas la route dans tous les sens. Il ne barre que la route dans laquelle les substances volatilisées s'étaient engagées. Elles repartent en sens inverse (elles retombent — la force se meut tant qu'elle n'est pas immobilisée dans tous les sens —), vers la Terre par conséquent. Mais elles rencontrent, dans ce nouveau voyage, des substances volatilisées (air ou autres), qui, parties elles aussi de la Terre et tendant à s'élever, leur opposent une résistance. Il en résulte que leur chute vers la Terre varie selon leur masse (on sait que les corps, quelle que soit leur masse, tombent dans le vide avec une même vitesse et que des corps de diverses natures ou de diverses formes ne mettent, à l'air libre, des temps différents pour arriver au sol que par suite de la résistance de cet air, etc. Deux corps, notamment, contenant un même nombre de molécules, mais de formes différentes, tomberont en des temps différents. Celui qui présentera la plus grande surface

à-dire si les forces qui animent ses différentes parties se faisaient exactement opposition les unes aux

éprouvera (à nombre égal de molécules) la plus grande résistance, etc). Les corps trop peu denses, qui ne peuvent que peu lutter contre cette résistance, s'équilibrent entre des couches d'air sans pouvoir les traverser ni dans un sens ni dans l'autre. Voilà ce qu'est la pesanteur. — Quand des substances terrestres sont volatilisées, leurs parties primitivement immobilisées par antagonismes, retrouvent une certaine liberté d'action et luttent contre les obstacles qui les immobilisaient. Prises entre la masse énorme de la Terre et la pression atmosphérique, elles rencontrent une résistance moindre du côté de la pression atmosphérique, et c'est pour cela qu'elles luttent de ce côté et s'éloignent par conséquent en sens opposé au centre de la Terre. Plus leur force est considérable, moins leur est sensible la résistance que leur oppose la pression atmosphérique, plus facilement elles écartent ou repoussent les substances qui leur font sentir cette pression. — Mais dans cette lutte, souvent elles se remassent, se recontractent en se pressant les unes contre les autres, immobilisent ainsi leurs forces respectives et offrent de nouveau plus de prise à la pression qui leur barre alors complètement le passage (1). C'est alors qu'elles reviennent en sens inverse vers la Terre, mais rencontrant aussi dans cette nouvelle route un obstacle dans la résistance des couches de tendance contraire qu'il leur faut traverser, elles triomphent d'autant plus aisément de cette résistance qu'elles sont plus condensées, plus massées en un petit volume (à poids égal, une feuille de papier et un grain de plomb tomberont d'une même hauteur en des

(1) La pression fait plus que leur barrer le passage. Elle s'appesantit sur les substances recontractées, qui sont prises alors entre l'action de cette pression qui les renvoie vers le centre de la Terre et l'action des substances volatilisées qui, partant de la Terre, tendent à triompher de la pression.

autres, s'équilibraient — car c'est de l'opposition des forces, de leur équilibre [résultant de cette opposition] que naît la contraction —), il y aurait, dans tout

temps différents. En effet chaque molécule est douée d'une force de déplacement. — Plus les molécules seront réparties sur une grande surface, plus elles rencontreront de points de résistance pour tomber. Plus elles seront réparties sur une petite surface, moins elles rencontreront de points de résistance pour tomber et plus leurs forces, toutes concentrées sur ce moins grand nombre de points de résistance, auront d'action). La substance condensée n'a pas la force nécessaire pour lutter contre la force prépondérante sur notre globe terrestre : la pression atmosphérique. Toutes les forces respectives de ses parties constituantes sont immobilisées les unes par les autres et se résolvent toutes en une force totale unique qui pousse simplement le corps au déplacement, tant qu'il ne rencontre pas une surface sur laquelle il puisse se masser. La substance en cet état ne peut pas lutter, s'abandonne, et la pression atmosphérique s'appesantit sur elle. Vienne-t-elle au contraire à se décontracter ? Ses parties, redevenues plus libres, retrouvant chacune un peu de leur force individuelle, vibrent, luttent, tendent à s'affranchir de la pesanteur.

Il n'y a pas d'attraction du centre de la terre. Un corps ne peut pas agir à distance (Newton a été le premier à dire que les choses se passaient comme s'il y avait une attraction ; il n'a pas dit qu'il y en eût une). Il n'y a pas attraction. Il y a tendance à déplacement jusqu'à rencontre d'un obstacle.

La pression atmosphérique a elle-même la même cause que le retour en sens inverse (c'est-à-dire vers le centre de la Terre) des corps primitivement partis de la Terre. La pe-

le système, inertie complète, absolue (1), jusqu'à ce qu'une cause quelconque vînt modifier cet état.

La cause modificatrice immédiate qui, après l'involution, vient redécontracter en partie la substance est la tendance même au déplacement qui a causé la cohésion, la matérialisation.

Nous avons vu que lorsque l'Intelligence n'agit plus, la force animant chaque atome se heurte, fait opposition à la force animant chaque autre atome. Des agrégations, des masses sans cesse grossissantes se forment ainsi, se heurtent les unes contre les autres en des chocs gigantesques, développant à chacune de ces rencontres d'une violence indescriptible une incandescence immense qui redonne aux diverses parties de l'Univers (en

santeur des couches d'air (la direction des couches d'air vers la Terre) vient d'un obstacle à l'expansion plus au loin de ces couches d'air.

Si la Terre et les différentes planètes du système solaire semblent vouloir tomber sur le Soleil, semblent avoir une tendance à se diriger vers le Soleil, c'est que, vraisemblablement, elles ont à un certain moment fait partie du Soleil, ont dû rencontrer un obstacle à s'éloigner complètement du Soleil, comme elles en rencontrent un à tomber complètement sur le Soleil.

(1) Inertie *intérieure*, immobilisation *mutuelle* des parties qui se seraient massées (la masse totale, ensemble de ces parties, n'en pourrait pas moins se déplacer, si rien ne lui faisait obstacle).

en commençant la désagrégation) une liberté relative, qui va les remettre en état de lutter pour retourner à la Spiritualité.

Mais cette désagrégation toute matérielle, cette mise en fusion sont loin de suffire à la Substance pour se respiritualiser. Cette désagrégation, cette mise en fusion ne nécessitent aucun effort de l'Intelligence. Elles ne sont dues qu'à la force ne pensant pas, à la force inintellectuelle. Elles remettent la Substance à même de tendre à se respiritualiser. Elles ne la spiritualisent pas.

Il va falloir que l'Intelligence se réveille au sein de la matière en partie décontractée et que par ses efforts elle décontracte entièrement la Substance. Il va falloir qu'elle s'arrache à la contraction.

L'incandescence causée par les heurts des Masses Substantielles à travers l'Univers ne produit qu'une décontraction toute matérielle. La Substance ainsi en fusion, si volatilisée soit elle, est encore matérielle. Ce n'est que par un travail intellectuel qu'elle pourra commencer et poursuivre son voyage vers la Spiritualisation.

Il faut donc que l'intelligence s'éveille, si confusément que ce soit.

Cet éveil a lieu (nous le verrons bientôt) sous

l'influence bienfaisante de la Partie de l'Univers restée à l'État spirituel durant l'involution (nous verrons plus loin que l'involution n'est jamais que partielle et qu'une Partie de la Substance arrivée à la Spiritualité absolue reste en cet état pendant l'involution).

Cette partie de l'Univers, que nous appellerons l'Intelligence Suprême de l'Univers, cette partie de l'Univers, qui est restée à l'état de Spiritualité Absolue, s'efforce de toute sa volonté d'aider à la respiritualisation de l'Univers. Il ne dépend pas d'elle que cette Spiritualisation soit instantanée (nous avons vu que la nature même de l'Intelligence amenait l'involution et que la lutte est la raison d'être de l'Intelligence, d'où la nécessité de l'évolution). Il ne dépend pas de l'Intelligence suprême que la Spiritualisation soit instantanée (1). Elle ne peut que la désirer de toute sa volonté, qu'en-

(1) Autrement elle la ferait s'effectuer de suite et épargnerait à la Substance les luttes douloureuses qu'il lui va falloir soutenir pour atteindre à cette Spiritualisation.

L'Intelligence Suprême est en effet immensément Puissante, étant donné qu'elle est la Force Parfaite de l'Univers. Elle n'est pas *Toute*-Puissante, parce qu'elle n'est qu'une *Partie* de l'Univers. La Toute-Puissance n'est l'attribut que de la Totalité Universelle, lorsque cette Totalité est arrivée à la Perfection.

voyer son appui bienfaisant à toute la Substance (1).

L'Intelligence Suprême veut, vibre, agit (par contact) sur diverses parties de l'Univers qui, sous cette impulsion, vibrant à leur tour, transmettent cette volonté (cette impulsion, cette vibration) à d'autres et l'Intelligence Suprême envoie ainsi des effluves intellectuelles dans tout l'Univers. Ces effluves éveillent dans les parties de l'Univers les plus aptes à se respiritualiser (dans les parties de l'Univers les moins contractées) une lueur intellectuelle qui les fait lutter (presque inconsciem-

(1) Dans notre chétive faiblesse, lorsque nous avons pensé, décidé, il nous faut, pour exécuter notre décision, *en chercher le moyen*, nous servir de nos bras, de nos organes, de notre corps. Pour la Puissante Intelligence de l'Univers, qui est la Partie la plus libre de l'Univers pendant l'Involution, parce qu'elle est Toute à l'État spirituel : Vouloir, c'est Agir ; la Volonté et l'Exécution se confondent. L'Intelligence Suprême *Veut* et, sous l'influence de cette Seule Volonté, tout ce qu'il est de sa Puissance d'exécuter s'exécute. Nous faisons-nous bien comprendre ? L'Intelligence Suprême veut le Bien ; elle n'a pas à chercher le moyen de le réaliser. Tout ce qu'elle peut faire de Bien à ce moment donné dans l'Univers s'accomplit. Elle veut le Bien toujours, et cette Volonté se fait sentir sans cesse dans l'Univers, l'aide, le soutient. C'est l'Influence continue, incessante de cette Volonté Bienfaisante qui *aide* à la spiritualisation (nous ne disons pas : *qui la résout*).

ment encore) pour la Spiritualisation. (Tout ceci sera mieux expliqué plus loin).

Cette action de l'Intelligence Suprême est la Cause première de la Pression, Cause elle-même de la Pesanteur (1), de la Gravitation, attribuées à tort à une attraction imaginaire.

C'est elle qui, en régularisant la marche des corps célestes, évite ces chocs gigantesques des Masses Errantes, que nous avons vu se produire à travers l'Espace pendant l'involution, et qui, en assignant aux diverses parties de la Substance une certaine stabilité passagère (2), permet à celles de ces parties chez lesquelles l'Intelligence se réveille une certaine concentration d'efforts, grâce à laquelle elles vont pouvoir se distiller en quelque sorte, se spiritualiser peu à peu.

Mais cette action d'une Intelligence Suprême dans l'Univers, où en trouvez-vous les preuves, nous dira-t-on ?

Nous n'en trouvons pas de preuves matérielles, tombant sous les sens, répondrons-nous.

Nous n'en trouvons de preuves que dans la rai-

(1) Ainsi que nous l'avons vu plus haut.

(2) Passagère, variable avec le degré de spiritualité de la Substance.

son, que dans l'intuition, comme nous le verrons plus loin ; nous ne trouvons pas de preuves matérielles de la nature de l'âme, mais également des preuves intellectuelles seulement (1).

(1) En ce qui concerne l'âme: Nous développerons plus loin divers arguments. Nous dirons seulement ici que, quand on a passé toute une vie dans l'étude, dans le travail intellectuel, quand on a appris à aimer et à faire le bien, quand on s'est perfectionné moralement, quand on a senti par des études opiniâtres, par la réflexion, par la méditation, son intelligence grandir, quand on sent qu'on a *gagné* cette intelligence, qu'on l'a *conquise* en quelque sorte par le travail, quand on a éprouvé de puissantes affections, quand on a aimé les siens, ses amis, l'humanité, quand on a lutté pour eux, pour leur donner le bonheur, on ne peut pas croire, on ne peut pas admettre un seul instant que, lorsque le corps meurt, tout soit fini, que cette Intelligence, ce savoir laborieusement acquis soient perdus, que ces affections puissantes, inexprimables, soient anéanties et n'aient pas de raison d'être. — Quant à nous, nous avons la conviction que, lorsque notre vie passagère s'éteindra, notre âme, que nous avons peu à peu élevée, rendue plus puissante et plus forte, ne s'anéantira pas. Nous avons la conviction, conviction qui va sans cesse grandissant avec les progrès de notre intellect et avec notre compréhension de plus en plus parfaite du bien, que, lorsque notre vêtement corporel sera usé, nous ne nous annihilerons pas, que notre âme, cette partie supérieure de nous-même, ne sera pas atteinte par la décomposition de notre corps. Nous avons la conviction aussi (et nous nous efforçons d'en démontrer la vérité dans cet ouvrage) que, si haute que puisse être la perfection à laquelle nous puissions arriver durant cette vie, cette perfection n'est rien encore et qu'il est des sommets beaucoup plus élevés aux-

Ce n'est pas l'Intelligence Suprême qui créa les Mondes. Leur Substance exista toujours. Ce n'est pas l'Intelligence Suprême qui *organisa* les Mondes. Elle envoya seulement des Effluves bienfaisantes dans l'Univers et, par le seul fait de sa Volonté Puissante, qui frappe où il faut (comme, dans une infime proportion, notre volonté agit *où il faut* dans notre corps, par le seul fait que nous voulons), les diverses parties de l'Univers se firent réaction de telle sorte que le désordre engendré dans l'Uni-

quels notre âme peut et doit atteindre un jour. Nous avons la conviction qu'il existe dans l'Univers des âmes plus parfaites que les nôtres et des âmes, ou, si l'on veut, une âme plus parfaite que toutes les autres (nous disons *une* âme, parce que, arrivées à la perfection suprême, toutes les âmes, devenues semblables, se résolvent en une Unité, en un Tout — de quelque nombre de parties que ce Tout soit composé —). Nous avons la conviction qu'il existe une Ame ainsi Supérieure et nous ne pouvons admettre que cette Ame, Foyer Suprême de l'Intelligence, reste inactive et n'aide pas les âmes moins parfaites encore à se rapprocher de la perfection. — Nous avons la conviction qu'il ne dépend pas de cette Ame Parfaite de réaliser de suite et par sa Seule Volonté la Perfection dans l'Univers entier, mais qu'il faut que chaque parcelle de l'Univers s'efforce peu à peu de se perfectionner elle-même et de se rapprocher de la Perfection. Voilà pourquoi nous croyons à l'Aide (à l'Aide seulement) d'une Volonté Supérieure dans l'Univers et comme, d'autre part, nous sommes convaincu que l'Univers a toujours existé, que tout est Substance, que rien ne peut agir sur quoi que ce soit, sans contact — direct ou intermé-

vers par la non-action de l'Intelligence s'arrêta.

L'Intelligence Suprême *Voulut* et la Force qui entraînait aveuglément les Masses, les faisant se précipiter les unes sur les autres, fut domptée. — Il s'établit entre ces Masses, par l'entremise des fluides répandus autour d'elles, des actions et des réactions qui les firent se tenir à des distances suffisantes les unes des autres et changèrent leurs courses désordonnées en des orbites régulières.

L'Univers eut ses lois (ordre selon lequel se maintinrent les mouvements des corps célestes; actions et réactions constantes ou périodiques de

diaire — nous croyons qu'il y a contact constant (par l'entremise des diverses parties de l'Univers) de cette Intelligence Suprême avec nous. Comme nous sommes convaincu que la Force est inhérente à la Substance, mais que la Force, non dirigée par une Intelligence assez puissante (assez libre) pour la régler, est un facteur de désordre et de chaos, nous croyons que c'est l'Intelligence de l'Univers qui est la cause de l'ordre que nous voyons dans l'Univers. Nous croyons que c'est sous l'effort de sa Volonté Puissante, non que les Mondes se créèrent, mais que les Mondes se répartirent dans l'Espace, et nous attribuons à l'*Effet* de cette *Volonté* la Cause première de la pesanteur qui empêche la Substance de vaguer au hasard à travers l'espace, qui la force à concentrer ses efforts, non pas dans un cercle qui l'écrase, mais dans un cercle *élastique* qui lui permet d'agir et qui cède peu à peu sous son action, au fur et à mesure que cette action devient plus puissante, lorsque la Substance se spiritualise davantage.

ces corps les uns sur les autres, selon leurs distances et leurs constitutions respectives, une fois cet ordre établi).

Les Mondes en fusion s'organisèrent, et une lente évolution commença.

Nous allons essayer de faire entrevoir cet aurore de la « *réintellectualisation* » de l'Univers.

Dans les parties de la Substance les moins contractées (les plus libres), une lueur de compréhension va s'éveiller, grâce à laquelle elles vont pouvoir se perfectionner et perfectionner les Substances environnantes.

L'Intelligence va chercher à se réveiller au sein de la Substance, va chercher à sortir de la torpeur, de l'engourdissement dans lequel elle est plongée, et c'est par sa lutte pour remonter à la Spiritualité, à la Conscience, que les Mondes vont s'organiser, se développer.

C'est ce réveil de l'Univers qu'on a cru être la création du Monde (comme si le Monde pouvait naître !).

L'Univers a toujours existé. — Après l'évolution, il se matérialise (en partie). — Après l'involution, il se réveille.

Il se réveille et alors la Substance s'organise, se différencie en des corps différents qui, peu à peu, se respiritualiseront (opération, transformation qui, certainement, doit durer des centaines de centaines de siècles, périodes immenses que nous ne pouvons concevoir qu'avec notre intuition [notre « ressouvenance », car tout est « ressouvenance »] de l'Infini).

Après l'Involution : l'Évolution !

Après l'abandonnement : la lutte !

Après la nuit : l'Espoir, l'élan vers la Lumière, la Spiritualisation !

Lutte grandiose, pleine de douleurs, mais dans laquelle nous nous sentons grandir ; chemin semé d'épreuves, mais au bout duquel est l'Intelligence Suprême, la Connaissance totale, l'Ineffable Absolu.

Lutte terrible, mais qui est la raison d'être de l'Intelligence ; pleine de souffrances, mais combien semée de joies aussi, quand nous nous sentons monter, monter sans cesse, quand, nous délivrant de l'étreinte de la compaction, nous répudions l'égoïsme et n'avons plus qu'un but : aider notre prochain.

Devenir meilleurs, aider les autres ! que de satisfactions dans ces sentiments !

Nous perfectionner, nous rapprocher de l'Intellect Suprême, quel ravissement !

En effet, sur cette Terre même, avec l'Intelligence, cependant rudimentaire encore, que nous avons, quel plaisir plus grand y a-t-il pour l'Esprit déjà cultivé (c'est-à-dire réveillé, ayant déjà la notion de lui-même) que son perfectionnement incessant en même temps que le perfectionnement de ce qui l'environne ?

Et qu'y a-t-il de plus « mortel », de plus annihilant pour cet esprit cultivé et élevé que l'inaction forcée, que l'empêchement de *penser* et d'*agir* ?

C'est pourquoi, ainsi que nous venons de l'expliquer, lorsque la Substance est revenue à l'Intellectualité absolue, lorsque, Esprit Absolu, elle est redevenue l'Intelligence Absolue, n'ayant plus rien à faire, plus à penser, plus à apprendre, étant Tout, étant la Connaissance Absolue, l'Absolu, elle s'engourdit, s'endort, se rematérialise (pour se respiritualiser ensuite), et c'est ainsi que s'opère sans cesse la *gigantesque* Involution et Évolution, descente de l'Esprit dans la Matière, Montée de la Matière dans l'Esprit, voyage sans fin qu'accomplit la Substance Universelle et dont le cours constitue l'Éternité.

Nous venons d'étudier l'Univers : Monde illimité, afin de pouvoir étudier ensuite l'Homme : Monde limité.

Il est en effet souvent plus facile de trouver d'abord les Principes Généraux (dont nous avons plus ou moins l'intuition — l'intuition, nous l'avons dit, n'est qu'un ressouvenir —) et d'en déduire ensuite les principes particuliers.

Nous avons vu que l'Univers avait toujours existé et existerait toujours, que l'Univers, en un mot, est Éternel.

Nous avons fortifié la notion que nous avions de l'Infini : Infini de l'Espace, Infini du Temps.

Nous avons vu que tout était Substance, qu'il n'y a rien d'insubstantiel, qu'il n'y a que différents états de la Substance.

Nous avons appelé *Matière* la Substance à l'état inférieur, à l'état grossier.

Nous avons appelé *Esprit* la Substance à l'état supérieur, à l'État Élevé.

Nous avons vu que la force n'était autre chose que de la Substance, autrement dit que c'est la Substance qui constitue la force et que, selon son état (c'est-à-dire selon la combinaison de ses parties) la Substance constitue telle ou telle autre force (que la force est plus ou moins libre et par conséquent se différencie selon le mode de groupement des atomes de la substance auxquels elle est inhérente).

Nous avons vu que, à l'état d'Esprit, la substance constituait la *Force Supérieure* : l'Intelligence.

Nous avons vu que le propre de l'Intelligence était de perfectionner et que, la perfection même étant l'état d'Intelligence Absolue, le propre de l'Intelligence (Substance) était de perfectionner la substance, était de la spiritualiser, était de l'amener à la Spiritualité Absolue.

Nous avons vu qu'arrivée à cet état de Spiritualité Absolue, l'Intelligence — constituée par cet état de spiritualité — n'ayant plus à s'exercer, puisqu'en cet état elle est *tout*, puisqu'elle est alors la Connaissance Absolue, la Perfection Suprême, nous avons vu que l'Intelligence, n'ayant plus alors à penser, à agir, s'engourdissait peu à peu, après une période d'immense béatitude, et que cet engourdissement reproduisait la concrétion de la Substance, la Matérialisation de la Substance.

Nous avons vu ainsi la montée de la Substance de l'État Matériel à l'État Spirituel, le triomphe de l'Esprit sur la Matière, ce qu'on a appelé l'*Évolution*.

Nous avons vu, après cette évolution, la descente de l'Esprit dans la Matière, la chute de l'Esprit dans la Matière (le passage de la Substance de l'État Spirituel à l'État Matériel), ce qu'on a appelé l'*Involution*.

Pendant l'*Involution*, toute la Substance ne se matérialise pas à un même degré (ainsi que nous l'avons déjà dit).

Ce qui amène la matérialisation, l'engourdissement de la Substance, nous l'avons vu, c'est la non-activité, qui résulte de ce qu'il n'y a plus rien à perfectionner.

Or la Substance ne passe pas tout à coup tout entière de l'état matériel à l'État d'Esprit : il lui faut se spiritualiser peu à peu, lentement et difficilement, et certaines parties arrivent bien avant les autres à la Spiritualité absolue.

Les parties arrivées depuis le plus de temps à la Spiritualité absolue sont (lorsque tout est rentré dans la Spiritualité) les premières à retomber dans l'engourdissement.

L'État de Spiritualité, d'Intellectualité complète, cause en effet une béatitude infinie, suivie peu à peu d'*un non-penser sans bornes*.

Dans l'état de béatitude qui suit l'arrivée au sommet de l'Évolution, l'Intelligence pense encore aux Grandes Luttes qu'elles vient de traverser. Elle pense encore, elle vibre encore. Puis ses pensées, ses vibrations vont en s'atténuant : elle passe de l'état de béatitude à l'état de non-penser.

C'est alors, avons-nous vu, que l'Intelligence ne pensant plus, ne voulant plus, ne dirigeant plus, se reposant, la force animant chaque atome tend également au repos. La Force animant chaque atome, ne pensant plus, est alors comme si elle était inintellectuelle ; elle se heurte, fait opposition à la force animant chaque autre atome, et ainsi, en se pressant les uns contre les autres, en s'équilibrant les uns les autres, les atomes de la Substance, non dirigés par l'Intelligence, se condensent, se contractent à des degrés différents (1).

(1) Arrivée au Sommet de l'Évolution, chaque Intelligence revoit la chaîne immense des existences par elle parcourues, et, après ce dernier coup d'œil jeté sur les souffrances tra-

*
* *

Les parties arrivées depuis le plus de temps à la Spiritualité absolue sont celles qui, *lorsque la Spiritualité Absolue est obtenue par toute la Substance*, sont le plus dégagées des souffrances traversées pour arriver à cet état (parce qu'elles y sont depuis le plus long temps) ; ce sont ces parties qui se plongent le plus vite dans la non-pensée, dans cet état de repos immense, dont nous pouvons à peine nous faire une idée, état de non-pensée qui, nous l'avons vu, amène l'engourdissement.

Ce sont donc ces parties, arrivées depuis le plus de temps à la Spiritualité Absolue, qui s'en éloignent le plus promptement et qui, s'engourdissant pendant toute la durée de l'involution, se concrètent, par suite, le plus profondément.

versées, souffrances qui l'ont faite ce qu'elle est (voir, plus loin, l'Évolution), elle goûte l'immense béatitude d'être délivrée de ces souffrances, elle n'est plus qu'amour, que jouissance spirituelle infinie ; puis, après avoir goûté ce bonheur ineffable durant d'immenses périodes de temps, ce bonheur, cette béatitude se changent peu à peu en assoupissement, en repos. L'Intelligence ne pense plus, s'engourdit ; la substance se concrète : l'Involution s'accomplit.

Les parties arrivées après elles à la Spiritualité les suivent peu à peu (et s'engourdissent, se concrètent à des degrés différents), et il ne reste plus à un certain moment à l'État d'Esprit (également un peu engourdi) que les parties de la Substance arrivées les dernières à l'État Spirituel Absolu et chez lesquelles le non-penser, l'abandonnement sont d'autant moins grands qu'elles en ont fini depuis moins longtemps avec les souffrances, avec les luttes de l'Évolution.

C'est pendant cette matérialisation graduelle des diverses parties de l'Univers que, les atomes se groupant en agrégats et les agrégats se réunissant en Masses, se produisent ces chocs gigantesques dont nous avons parlé précédemment, chocs qui, développant une incandescence inouïe, mettent en fusion les Agglomérations Énormes formées par la rencontre, par les heurts des agrégats d'atomes à travers l'Espace.

Sous les chocs de cette Matière bouleversée, *l'Esprit* (c'est-à-dire la partie consciente encore de l'Univers [libre encore par conséquent], la partie restée encore à l'État Spirituel, parce que, plus récemment arrivée à la Spiritualité, elle s'est moins livrée encore à l'abandonnement, à la non-pensée), sous les chocs de cette Matière bouleversée, *l'Esprit* se réveille et, reprenant toute sa Puissance Intellectuelle, s'efforce d'arracher la Substance à cet état, dans lequel la Force, devenue inintellectuelle, aveugle, déréglée, brutale, meut sans borne et sans frein les éléments à travers l'espace.

L'Esprit *veut*, vibre, et, sous sa volonté, sous ses vibrations Bienfaisantes, les parties les moins matérialisées de l'Univers (les plus fluidiques) vibrent à leur tour, portant dans les diverses parties de l'Univers la Volonté de l'Esprit de l'Univers, comme les fluides répandus dans l'homme portent, ainsi que nous le verrons plus loin, la volonté de l'Intelligence humaine dans tous les points du corps.

Sous l'action de la Volonté Régulatrice (toute l'Action de l'Intelligence Suprême, étant donné qu'elle est Parfaite à l'Etat de Spiritualité Absolue, se résume à vouloir. — Vouloir, pour l'Intelligence Suprême, c'est vouloir tout ce qui est Bien, tout ce qui est Beau, tout ce qui est Bon : Voulant arracher la Substance à l'état chaotique, dont nous avons essayé de donner une idée, l'Action de la Volonté Suprême se fait surtout alors sentir régulatrice, cherchant à s'opposer aux dérèglements aveugles de la

Force Brutale), sous l'action de la Volonté Régulatrice, les fluides enveloppent les Masses en fusion et il se produit entre eux et ces Masses des actions et des réactions qui établissent peu à peu dans l'Univers cette régularité que nous admirons dans les rapports entre les divers corps, entre les divers Mondes.

Là est l'origine de la pesanteur ou tendance vers un même centre, par suite d'un obstacle à un déplacement en un sens autre.

Les substances volatilisées au sein des Masses en fusion rencontrent dans les fluides dont il est ci-dessus question cet obstacle à leur déplacement (1).

Ces fluides ne pressent pas les Substances volatilisées au point de les faire se matérialiser, mais assez pour les empêcher d'aller plus loin. Il s'ensuit une sorte de concentration d'efforts, grâce à

(1) Car cette volatilisation est insuffisante pour respiritualiser la Substance. Il lui faut se spiritualiser par des efforts intellectuels, ainsi que nous l'expliquerons plus loin et l'empêchement (momentané) aux diverses parties d'une Masse en fusion de se déplacer au-delà d'une certaine limite les force à une certaine concentration d'efforts, qui va leur permettre de se distiller en quelque sorte, de se quintessencier pour revenir à l'état spirituel.

laquelle la Substance va se réveiller et se spiritualiser peu à peu, ainsi que nous le verrons plus loin.

* * *

Les parties de la Substance arrivées les dernières à la Spiritualité absolue étant celles qui devront le plus longtemps rester en cet état et toutes les parties de la Substance se matérialisant plus ou moins. nous l'avons vu. selon le rang auquel elles sont arrivées à la Spiritualité absolue, il en résulte que toutes les parties de la Substance arrivées au Sommet de l'Évolution restent aussi longtemps les unes que les autres — ce qui est Justice — à l'Etat de Spiritualité Absolue (1).

(1) Qu'on nous comprenne bien : Il est un moment (moment immense : la durée d'un moment est infinie quand il s'agit de la vie des Mondes), il est un moment où *toute* la substance arrivée au sommet de l'Évolution se fond dans une même Pensée d'Amour Infini, goûte une même Jouissance Spirituelle Ineffable ; peu à peu cette Béatitude Infinie se change en non-pensée ; mais les parties arrivées les dernières à cette Inexprimable Fusion sont encore *toutes vibrantes* de la Lutte à peine terminée et ce sont ces vibrations non encore éteintes qui empêchent leur engourdis-

Donc, lorsque, l'Involution s'étant opérée, les diverses parties de la Substance se sont plus ou moins matérialisées, selon leur « âge » de spiritualisation, la Partie de la Substance restée à l'Etat d'Esprit, la Partie ayant gardé le plus de force de résistance (le plus d'activité Intellectuelle) contre l'engourdissement, cette Partie de la Substance, l'Esprit de l'Univers *veut* alors, s'efforce de faciliter le retour à l'état spirituel de la partie de l'Univers engourdie (des parties de l'Univers diversement engourdies), et c'est alors que commence le grand travail d'organisation (pour la respiritualisation), l'organisation du Monde (la création du Monde pour le vulgaire), le grand travail de respiritualisation de la Substance, la remontée de la Matière à l'Etat d'Esprit.

sement total pendant la durée de l'Involution qui suit cette période de Béatitude Ineffable et au cours de laquelle les parties arrivées depuis le plus longtemps au sommet de l'évolution se matérialisent complètement.

Le perfectionnement, nous l'avons vu, est la tendance à l'Intellectualité, à la Spiritualisation.

Le Bien, qui consiste à atteindre le plus possible la perfection, le Bien n'est autre chose que la Spiritualisation, la tendance à l'Etat d'Esprit.

Le Mal, par contre, est la Matérialisation, la tendance à la concrétion, à l'engourdissement de la substance, état dans lequel l'Intelligence est plongée dans la torpeur.

L'Etat d'Esprit est un état de jouissance, de béatitude Absolue. La Substance tend sans cesse à s'en rapprocher.

Elle lutte pour y arriver et sa lutte pour monter vers la Spiritualisation lui cause un indicible bien-être : c'est là la source du bien-être moral.

Lorsque la Substance tombe à l'état matériel, elle

souffre : c'est là la cause du mécontement de soi-même, des remords, du malaise moral.

Lorsque le Bien est poursuivi, c'est-à-dire lorsque la Substance lutte pour arriver à l'état spirituel : bien-être, jouissance morale.

Lorsque le mal triomphe, lorsque la Substance se laisse matérialiser : malaise, souffrance morale.

C'est toujours la Substance Une qui se modifie, se concrétant ou se spiritualisant.

Est-ce à dire, comme certains l'ont prétendu, qu'il y ait deux principes dans l'Univers : un Principe du Bien et un Principe du Mal : une Force Spiritualisante (d'après la conception que nous nous en faisons) et une Force concrétante ?

Non, s'il y avait ces deux principes opposés dans l'Univers, ou ils seraient de force égale, ou ils seraient de force différente.

S'ils étaient de force égale, le Bien n'arriverait jamais à l'emporter sur le Mal, ce qui est contraire à la conception que nous nous faisons du Bien, que nous avons du Bien.

S'ils étaient de force différente, l'un des deux finirait par l'emporter sur l'autre, hypothèse qui nous mènerait à ne plus avoir à considérer en fin de compte qu'un seul principe.

Il n'y a en réalité qu'une Force, nous l'avons vu.

La Force pense ou ne pense pas. — Lorsqu'elle pense, lorsqu'elle veut, elle vibre. Sa pensée, sa volonté, ses vibrations se répercutent dans tout l'Univers. Elle est la Force Spiritualisante. Elle engendre (ou maintient) la Spiritualisation. Elle mène à la Perfection, au Bien.

Lorsque la Force ne pense plus, elle devient déréglée, brutale. Elle est la Force concrétante. Elle engendre la Matérialisation : le Mal.

Le Mal n'est que l'arrêt, le non-exercice de la Force Spiritualisante, qui mène à la Perfection, au Bien.

Et comme c'est sous l'influence de la Force Spiritualisante que la Substance passe à l'État Parfait, à l'État d'Esprit, nous pouvons dire que l'état contraire de la Substance : l'État de concrétion, l'État matériel, est l'État *normal* de la Substance quand la Force Spiritualisante n'est pas en action.

Donc :

L'Exercice de l'Intelligence, l'Activité Intellectuelle, qui spiritualise, voilà la Cause du Bien !

L'inactivité intellectuelle, la non-action (1) in-

(1) On pourra nous dire : Ce n'est pas toujours par *l'inaction* qu'on fait *mal*.

Qu'on nous comprenne bien : Nous parlons de la non-

tellectuelle, voilà la cause de la concrétion, voilà la cause du Mal !

action *intellectuelle*. Nous avons vu plus haut comment *agissait* la force de chaque atome quand l'Intelligence, elle, n'agissait plus, se reposait.

Elle détruisait le Travail de l'Intelligence. Elle concrétait.

Agir bien, c'est agir dans le sens de la perfection, de la spiritualisation (et c'est seulement quand l'action a lieu dans ce sens que nous la regardons comme intellectuelle).

Agir mal, c'est *défaire* le travail fait, c'est dé-spiritualiser, c'est *revenir en arrière*.

La force brutale produit ce résultat. Une Intelligence s'y emploie quelquefois. Mais ce n'est plus en ce cas une Intelligence à proprement parler. C'est une Intelligence *atteinte* (malade), dévoyée, *obscurcie*, une Intelligence que *dominent* des forces inintellectuelles, matérielles, et qui, en dernière analyse, n'est plus une volonté réelle, quoiqu'il en semble, mais un *instrument* (toute intelligence abdique ainsi, momentanément ou pour toujours, qui se laisse dominer par les passions corporelles).

Le souvenir (plus ou moins éloigné, plus ou moins clair) que garde la Substance (1) de l'État spirituel dans lequel elle s'est trouvée la pousse à rechercher cet état. Elle y aspire, et les parties de l'Univers plus avancées en spiritualisation l'y aident.

C'est ce souvenir de bien-être, cette intuition (ce rappel) de pouvoir retourner à la Spiritualisation, qui cause l'Espoir. C'est ce qui soutient la Substance individualisée, différenciée, dans sa lutte pour reconquérir l'état spirituel, c'est ce qui le lui fait rechercher, c'est ce qui active l'Évolution.

(1) Ou, plus exactement : que retrouve peu à peu la Substance.

Les Livres suivants paraîtront prochainement et traiteront, entre autres questions, de la nature de l'âme, de la naissance, de la mort, du bonheur et du malheur, etc., etc.

L'ouvrage entier s'efforcera de démontrer la Solidarité *absolue* qui existe entre toutes les Parties de l'Univers et conclura à la nécessité de modifier la Société actuelle et de la réorganiser sur de nouvelles bases, en s'inspirant de ce grand Principe de Solidarité.

TOURS. — IMP. E. ARRAULT ET Cie.